广西壮族自治区"扫黄打非"工作小组办公室　编

护苗有我
守护未来

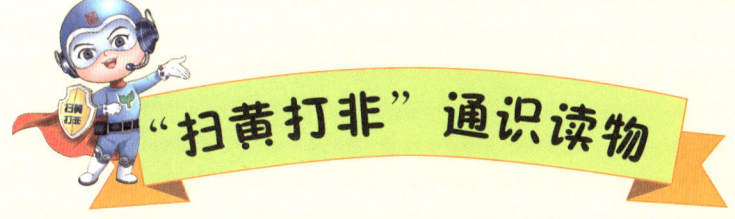

"扫黄打非"通识读物

HUMIAO YOU WO　SHOUHU WEILAI
"SAOHUANG-DAFEI" TONGSHI DUWU

广西教育出版社·南宁·

图书在版编目（CIP）数据

护苗有我　守护未来："扫黄打非"通识读物 / 广西壮族自治区"扫黄打非"工作小组办公室编 . -- 南宁：广西教育出版社，2024.3（2024.9 重印）

ISBN 978-7-5435-9438-8

Ⅰ.①护… Ⅱ.①广… Ⅲ.①文化市场—市场管理—中国—青少年读物 Ⅳ.① G124-49

中国国家版本馆 CIP 数据核字（2024）第 038915 号

总 策 划：广西壮族自治区"扫黄打非"工作小组办公室

项目策划：石立民　苏　敏　曾令宪　　策划编辑：钱艺琴　王高阳

责任编辑：吕远梅　王高阳　　　　　　特约编辑：曾一可

书籍设计：李浩丽　　　　　　　　　　责任技编：蒋　媛

责任校对：龙一新　陆媱澄　　　　　　数字策划：钱艺琴　吕远梅

插画设计：南宁市金号角文化传播有限责任公司

出 版 人：石立民

出版发行：广西教育出版社

地　　址：广西南宁市鲤湾路 8 号　邮政编码：530022

电　　话：0771-5865797

本社网址：http://www.gxeph.com

电子信箱：gxeph@vip.163.com

印　　刷：广西民族印刷包装集团有限公司

开　　本：787mm×1092mm　1/16

印　　张：5

字　　数：44 千字

版　　次：2024 年 3 月第 1 版

印　　次：2024 年 9 月第 3 次印刷

书　　号：ISBN 978-7-5435-9438-8

定　　价：28.00 元

如发现图书有印装质量问题，影响阅读，请与出版社联系调换。

出版说明

近年来,广西壮族自治区有关部门加强统筹优质资源,面向家庭、学校、社会等,精心组织"绿书签行动"系列宣传活动,通过开展名家讲座、法律宣讲、网络安全课、公益视频播放、推荐优秀读物等活动,以及举办征文、绘画、书法、手抄报、诗歌朗诵、文艺表演等才艺展示活动,深入宣传关于未成年人保护的法律法规和"扫黄打非·护苗"相关知识,广泛宣传社会主义核心价值观,推动健全家庭、学校、社会、网络、政府、司法"六位一体"的未成年人保护体系,大力营造护助未成年人健康成长的氛围。

为增强未成年人文化安全意识,提升未成年人法治素养,提高未成年人对非法出版物及有害信息的识别能力和防范意识,使未成年人自觉拒绝盗版和不良书籍,养成爱读书、读好书、善读书的习惯,在书香氛围中丰富知识、拓宽视野、陶冶情操,广西壮族自治区"扫黄打非"工作小组办公室策划、编写了《护苗有我 守护未来——"扫黄打非"通识读物》,旨在帮助社会大众形成对"扫黄打非"工作的正确认知,助力营造清朗的社会文化环境。

本书将"扫黄打非"相关知识融入学校、图书馆、社区、家庭等不同的场景中,通过角色对话的形式生动地呈现了在日常学习、生活中我们可能会碰到的与"扫黄打非"相关的问题及解决途径。全书语言通俗易懂,通过设置清晰的故事线将"扫黄打非"相关知识、涉及的法律法规娓娓道来,各板块附有案例直击,发人深省,引人深思,让读者在潜移默化中受到启迪,在心灵深处感悟生活真谛。

角色介绍

桂小侠

"扫黄打非"普法卫士，坚守正义。

苗苗

小学生，思维敏捷，勤学好问。

小亮

小学生，喜欢阅读，聪明好学。

王老师

小学老师，温柔耐心，知识渊博。

苗苗爸爸

网络工程师，
严谨沉稳。

苗苗妈妈

作家，
情感细腻。

图书管理员

责任心强，
阳光开朗。

赵爷爷

社区工作人员，
和蔼可亲。

"扫黄打非"我知道

"扫黄打非"是什么 …………………… 02
"扫黄打非"的主要工作 ……………… 07
识别文化垃圾 …………………… 10
"扫黄打非"工作队伍 ……………… 12
基层"扫黄打非"工作站的主要职责 …… 13

认识出版物

"扫黄打非"工作涉及的出版物 ………… 16
出版物主要分类 ………………… 17
识别非法出版物 ………………… 18
识别违禁出版物 ………………… 25
非法出版物的危害 ………………… 30

向侵权盗版出版物说"不"

识别侵权盗版出版物 …………………… 36
发现侵权盗版出版物怎么办 …………… 38

网络不是法外之地

如何识别网络有害信息 ………………… 44
网络非法出版传播活动的主要表现 …… 48
自觉做好防护,拒绝有害信息 ………… 51

"扫黄打非"我们该做什么

举报有奖 ………………………………… 56
我们该做什么 …………………………… 60

后记 ……………………………………… 67

「扫黄打非」我知道

"扫黄打非"是什么

老师，什么是"扫黄打非"呀？

是不是和打扫卫生一样？

可以这么理解，"扫黄"就是指扫除暴力恐怖、淫秽色情、封建迷信等危害人们身心健康、污染社会文化环境的文化垃圾。

"打非"就是打击各类非法出版物及有害信息。

护苗有我　守护未来——"扫黄打非"通识读物

为什么要"扫黄打非"呢?

这跟我们有什么关系吗?

这些有害信息会让人堕落,还会引起犯罪。所以我们要积极参与"扫黄打非",自觉抵制、远离这些有害信息。

　　"扫黄"就是扫除淫秽色情、封建迷信等危害人们身心健康、污染社会文化环境的文化垃圾。具体来说,是指禁止淫秽色情等违反法律规定的有害内容通过图书、报刊、音像制品及网上信息等方式公开传播。"打非"就是打击各类非法出版物及有害信息。

　　"扫黄打非"的职责使命是维护正道正义,打击反动邪说,倡导新风正气,扫除文化垃圾。

　　12390,是全国"扫黄打非"办公室开设的免费举报电话。有"扫黄打非"相关线索时,可拨打此电话进行举报。

 知识窗

"黄"的危害

黄色内容对青少年的危害在于对他们的学业或工作造成影响。迷恋网络色情信息会导致青少年忽视学业或工作，偏离正常的发展轨道。网络色情信息中存在大量宣扬畸形性行为的内容，会影响青少年的身心健康。

此外，一些有组织的色情内容制造者和传播者会利用书刊、网络等渠道，诱骗青少年参与犯罪活动，这对青少年的人身安全构成严重威胁。

"非"的危害

在出版产业方面，非法出版物会败坏正规出版单位的声誉，非法抢夺出版资源，挤占正规出版物的市场，催生盗版、盗印等违法违规活动，加剧行业间的不正当竞争。

在科学文化方面，非法出版物不仅侵害作者的著作权和声誉，也侵害文化产品消费者的权益。同时，盗版、盗印等行为侵犯合法出版单位的出版权，扰乱出版行业秩序，严重影响教育、科学、文化事业的发展。

"扫黄打非"的主要工作

老师，开展"扫黄打非"工作意义重大，具体要做什么呢？

除了要查处网络有害信息和非法出版物，还要打击侵权盗版行为和假媒体、假记者站、假记者等。

"扫黄打非"工作主要通过"清源""固边""净网""护苗""秋风"五大专项行动来开展。

"扫黄打非"的重点任务

"扫黄打非"工作的重点是严厉打击非法出版物和相关非法出版活动,严厉打击淫秽色情出版物和与其相关的"文化"活动,严厉打击侵权盗版行为,全力保护知识产权。

● 查处各类非法出版物和非法出版传播活动。

● 扫除淫秽色情等文化垃圾。

● 打击侵权盗版出版物和侵权盗版行为。

● 打击假媒体、假记者站、假记者。

● 查处网上有害信息。

识别文化垃圾

妈妈,这些不好的东西在学校周边的文具店有卖呢。

有些不法商家为了牟利,违规售卖、传播这些不适合学生使用的东西。

我们要主动学习识别文化垃圾的方法,才可以避免文化垃圾的危害。

文化垃圾可能出现的场合

书店,特别是学校周边的书店;小商品批发市场;"一元店";文具店;寺庙;旅游景区经营的市场;夜市;报刊亭;复印店;火车站、汽车站、码头等交通枢纽;医院及周边;城乡接合部集市等。

"扫黄打非"工作队伍

文化执法人员　专职工作人员

志愿者

老师,"扫黄打非"是警察叔叔来负责的吗?

警察叔叔只是兼任这项任务哦。负责"扫黄打非"的主力是"扫黄打非"机构的专职工作人员以及文化执法人员等。

●**专职"扫黄打非"队伍。**主要包括"扫黄打非"机构专职干部、县级宣传部门中负责"扫黄打非"的工作人员、乡镇(街道)宣传干事、文化执法人员。

●**兼职"扫黄打非"队伍。**主要包括乡镇(街道)以及村(社区)党政干部、派出所民警、文化馆(站)工作人员等。

●**群众和志愿者队伍。**主要包括"扫黄打非"监督员、信息员、网格员、联络员以及"扫黄打非"志愿者。

基层"扫黄打非"工作站的主要职责

基层"扫黄打非"工作站的主要职责是负责当地"扫黄打非"日常工作；做好文件、信息上传下达；开展"扫黄打非"宣传活动；指导村居"两委""扫黄打非"工作；接受群众举报，组织市场巡查；发现问题及时处置和上报；落实网格化属地管理责任；建立健全检查、监督等制度；协助上级执法人员查处非法出版传播活动及相关案件。

基层"扫黄打非"工作站担负相应区域内的信息员、协管员、宣传员职责。

〇 **当好信息员**。

注意观察并接受群众举报，及时发现、收集淫秽色情、侵权盗版、封建迷信类图书、报刊、音像制品等非法出版物和地下印刷厂的情况，并向上级"扫黄打非"办公室和文化执法、公安、市场监管等相关部门报告。

○ 当好协管员。

协助文化执法、"扫黄打非"等部门管理出版物经营场所,执行上级"扫黄打非"部门部署的工作任务,深入实地巡查并配合上级执法部门查处违法违规活动。

○ 当好宣传员。

积极开展文化、新闻出版、"扫黄打非"等方面的法律法规、现行政策宣传,引导群众阅读正版、健康书刊,抵制各类非法出版物和文化垃圾,营造良好的文化环境,共建文明和谐的社会。

认识出版物

"扫黄打非"工作涉及的出版物

妈妈，好多书哦！"扫黄打非"就是查处非法图书吗？

"扫黄打非"工作涉及的出版物除了图书，还有报纸、期刊、音像制品、电子出版物等。

出版物就是用来传递、承载信息和知识的出版产品。

出版物是什么？

出版物主要分类

这么多出版物,该怎么区分呢?

出版物有不同的分类方法。

知识窗

出版物是指以传播为目的贮存知识信息,并具有一定物质形态的出版产品,包括图书、期刊、报纸、音像制品、电子出版物等。

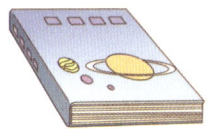
纸质出版物

音像出版物

电子出版物

按照产品形式,出版物分为纸质出版物、音像出版物、电子出版物。

合法出版物

非法出版物

违禁出版物

按照是否合法,出版物分为合法出版物、广义的非法出版物(包括狭义非法出版物和违禁出版物)。

识别非法出版物

这是我在地摊上买的漫画书。

这本书没有书号，印刷质量也比较差，是非法出版物哦。

咦？这本书的纸好薄，你在哪里买的？

非法出版物是什么呢？

简单来说，就是未经批准擅自出版、印刷或者复制的出版物。

知识窗

非法出版物是指不是国家批准的出版单位出版的在社会上公开发行的图书、报刊、音像制品、电子出版物，以及违反《出版管理条例》、未经批准擅自出版的出版物。

非法出版物主要有以下种类：

● 伪称根本不存在的出版单位、制作单位和报纸期刊名称出版印制发行的出版物，盗用国家批准的出版单位名义印制的出版物，已经撤销或被明令解散的出版单位的成员擅自重印或以原出版单位名义出版的出版物，捏造或盗用 CIP 数据、出版物号、邮发代号等印制发行的书报刊、音像制品。

● 侵权盗版出版物。

● 在社会上公开发行而不署出版单位（无出版单位）或署名为非出版单位的出版物。

● 承印者以牟取非法利润为目的擅自加印、加制的出版物。

●非法进口的出版物，擅自印刷或复制的境外出版物。

●以买卖书号、刊号出版印制发行的出版物，违反协作出版或代印代发的规定印制、销售的出版物。

●未经新闻出版行政部门批准的内部资料性出版物，公开发行的内部资料性出版物。

●违禁出版物。

●其他违反新闻出版管理规定或其他有关管理规定的出版物。

可以查看封面和插图。非法出版物的印刷一般比较粗糙,用纸比较差。还可以看版权页信息是否完整,有没有标准书号。

我们怎么识别非法出版物呢?

知识窗

人工识别非法出版物的要点

- 查看封面、插图和广告。
- 查看版权页。
- 查看标准书号。
- 查看书刊征订发行委托书。
- 查看新书征订单。
- 查看图书纸质及印刷质量。
- 查看销售图书的机构、人员及价格。

有啊,最直接的方法就是借助电脑和手机,通过"扫黄打非"客户端或登录"国家版本数据中心"网站查询哦。

有没有更简单的识别方法呢?

知识窗

借助工具识别非法出版物的方法

- 登录权威的出版物数据服务平台"国家版本数据中心"查询,网址:https://pdc.capub.cn。
- 关注"扫黄打非"微信公众号查询。

 知识窗

非法图书的特征

● 印刷质量差。印刷粗糙,油墨不均,字迹模糊。

● 纸张质量差。封面用纸差,内文纸张差,色度不均。

● 装订质量差。订口不平滑,切口不整齐或皱角,内文版心不正。

●售价极低。将装帧设计、内容以及出版单位、印刷厂、书号、定价等原样照盗,售价却极低。

●假冒、伪造出版单位名称。假冒出版单位名称出版,假冒已被注销的出版单位名称出版,伪造并不存在的出版单位名称出版。

识别违禁出版物

我看到街边的书摊还有武功秘籍和算命、改运的书。

那些书宣扬暴力、迷信，是违禁出版物。

违禁出版物指含有国家有关规定禁止内容的出版物，属于非法出版物的一种。

违禁出版物是非法的吗？

护苗有我　守护未来——"扫黄打非"通识读物

违禁出版物，是指含有《出版管理条例》等国家有关规定禁止内容的出版物，即含有以下内容的出版物：

- 反对宪法确定的基本原则。
- 危害国家统一、主权和领土完整。
- 泄露国家秘密、危害国家安全或者损害国家荣誉和利益。
- 煽动民族仇恨、民族歧视，破坏民族团结，或者侵害民族风俗、习惯。
- 宣扬邪教、迷信。

- 扰乱社会秩序，破坏社会稳定。
- 宣扬淫秽、赌博、暴力或者教唆犯罪。
- 侮辱或者诽谤他人，侵害他人合法权益。
- 危害社会公德或者民族优秀文化传统。
- 以未成年人为对象的出版物含有诱发未成年人模仿违反社会公德的行为和违法犯罪的行为的内容，或者含有恐怖、残酷等妨害未成年人身心健康的内容。
- 有法律、行政法规和国家规定禁止的其他内容。

案例直击

某校图书馆收到某社会组织捐赠的3500册图书。交接仪式结束后,这些图书被集中存放在空教室内,等待图书管理员进行分类和登记。

次日,图书管理员在分类和登记时,发现部分书籍涉及暴力和封建迷信等违禁内容,立即向学校领导报告。学校相关工作人员第一时间拨打了"扫黄打非"举报电话。

　　学校领导高度重视，立即成立专项工作小组，对该批捐赠图书进行排查，并以此为契机，对全校图书馆、图书角和学生自带的课外书籍进行了全面排查。

　　在当地"扫黄打非"工作部门的指导下，执法部门清理、下架了相关违禁出版物，深挖非法出版物的来源，依法对相关责任人进行了惩处。

非法出版物的危害

我在地摊上买的这本书内容跟普通的漫画书差不多,可以看一下吧?

不可以哦!这些非法出版物的内容未经严格审核,常常会出现问题和错误,甚至可能会诱导青少年违法犯罪。

我们要格外小心,远离这些非法出版物。

非法出版物还可能涉及侵权盗版行为,侵犯作者的著作权和出版社的专有出版权。我们要保护著作权,阅读正版图书,拒绝非法出版物哦!

知识窗

非法出版物的危害

- 危害社会安定与社会发展。

出版物传递着人类的情感与思想，并能使他人潜移默化地接受或改变思想。非法出版物往往是唯利是图的产物，缺少严格的编审过程，内容上常常出现错误和问题。有些非法出版物故意丑化国家领导人，煽动对党和政府及政策的不满情绪，或是泄露党和国家的机密，不尊重少数民族的风俗习惯，导致民族之间产生矛盾。一些非法出版物含有淫秽、色情的内容，或者宣扬凶杀、暴力和封建迷信等内容，极大地"毒"害青少年的身心健康。

● 危害出版单位的专有出版权。

非法出版物大多装帧低劣，差错多，质量较差。尤其是通过盗印或买卖书号、刊号、版号等方式制作的非法出版物，以及假冒出版单位名称或书号印制的非法出版物，由于读者不明真相，往往以为是出版单位把关不严，从而影响正规出版单位的声誉。

● 危害作者的著作权。

没有作者的创作，就不可能产生出版物。盗版、盗印等非法出版活动侵害了作者的著作权，不利于调动作者的创作积极性，进而不利于文学、艺术和科学的发展。

案例直击

课堂上,老师发现小刚在偷看漫画书。走近一看,发现漫画内容低俗,甚至还有色情内容。老师立即通知了小刚的妈妈。

这样的漫画书是从哪里来的呢?小刚的妈妈来到学校向老师了解情况后,在学校附近的小书店发现了多本内容低俗的漫画书。小刚的妈妈赶紧拨打了举报电话。

当地执法部门接到举报后,对该书店开展了检查,发现书架上摆放有淫秽色情漫画正在售卖。

执法部门依法收缴了非法出版物,并对该商家进行了处罚。

向侵权盗版出版物说『不』

识别侵权盗版出版物

妈妈,你看!这本书的作者是你哦!

这本书……和我之前出版的书的内容是一样的,但是书的印刷和纸张质量与我出版的书不同,这应该是盗版的书!

知识窗

侵权出版物,是指侵犯他人著作权或侵犯专有出版权、制作权、运营权等权利或权益出版印制发行的出版物。

盗版出版物,是指未经著作权所有人和享有专有出版权、制作权、运营权等权利或权益的出版制作运营单位同意或者授权而对已有出版物进行各种形式的复制(盗印、盗制)而产生的出版物。

具有侵权或者盗版情形的出版物统称为侵权盗版出版物。

因为正版书的出版除了要给作者付稿酬，还要经过严格的出版流程。而做盗版书的人直接拿来印刷，可以节省大量的成本，但这样做就严重损害了作者和出版社的权益。

妈妈，那些人为什么要盗版你的书？

侵权盗版出版物的危害

● 侵犯知识产权人权益。任何未经授权的复制、传播、销售行为都是在侵害知识产权人的合法权益。这对于知识经济的发展，尤其是技术、文化产业的创意创新及相关产业的健康发展都会带来不利影响。

● 扰乱市场秩序。盗版出版物的流通挤压了正版出版物的经营空间，扰乱了正常的市场秩序。

发现侵权盗版出版物怎么办

任何单位和个人发现侵权盗版行为，可以向公安机关、人民检察院或者人民法院报案或举报，上述部门会依法受理，并进行调查和裁判。

【侵犯著作权罪】以营利为目的，有下列侵犯著作权或者与著作权有关的权利的情形之一，违法所得数额较大或者有其他严重情节的，处三年以下有期徒刑，并处或者单处罚金；违法所得数额巨大或者有其他特别严重情节的，处三年以上十年以下有期徒刑，并处罚金：

（一）未经著作权人许可，复制发行、通过信息网络向公众传播其文字作品、音乐、美术、视听作品、计算机软件及法律、行政法规规定的其他作品的；

（二）出版他人享有专有出版权的图书的；

（三）未经录音录像制作者许可，复制发行、通过信息网络向公众传播其制作的录音录像的；

（四）未经表演者许可，复制发行录有其表演的录音录像制品，或者通过信息网络向公众传播其表演的；

（五）制作、出售假冒他人署名的美术作品的；

（六）未经著作权人或者与著作权有关的权利人许可，故意避开或者破坏权利人为其作品、录音录像制品等采取的保护著作权或者与著作权有关的权利的技术措施的。

（《中华人民共和国刑法》第二百一十七条）

案例直击

小李在刘某的网店里购买了一本教辅书。收到书后,他发现书中的内容存在大量错漏,还有错页、漏页问题。小李怀疑买到了盗版书,于是决定向派出所报警。

民警经过调查,找到了一处位于该市城中村内的非法出版物生产窝点。民警到现场调查时,发现该窝点内仍有多台印刷机在印制非法出版物,刘某正通过网店出售非法出版物。

原来，小李买到的正是刘某通过非法方式印制并出售的图书。民警当场逮捕了刘某，并依法扣押其作案工具及印刷的非法图书。

刘某因侵犯著作权被判处有期徒刑，并处罚金；对违法所得进行追缴，对其被扣押的印刷设备等作案工具及非法出版物予以没收。

网络不是法外之地

如何识别网络有害信息

爸爸,你看!这个突然跳出来的是游戏吗?

这不是一个普通的游戏,而是一个非法的赌博链接!

爸爸不愧是网络工程师,一看就知道。它为什么会突然出现呢?

这个网站安全防护不够,被人恶意植入了赌博、诈骗等网络有害信息,而且这些信息是自动弹出来的,一定要小心这样的弹窗,不要点击。

网上的有害信息都是通过弹窗传播的吗？

不全是哦！还有QQ、微信、电子邮箱、视频网站等途径。

这些都是我们经常使用的网络工具。爸爸，快支支招，怎么对付它们？

对于不明来源的消息、弹窗、网站，我们不要随意点击，立马关闭就好了！

知识窗

　　网络有害信息指网络上一切可能对现存法律、公共秩序、道德、信息安全等造成破坏或者威胁的数据、新闻等。

　　网络违法和不良信息主要包括：

● 危害国家安全、荣誉和利益的；

● 煽动颠覆国家政权、推翻社会主义制度的；

● 煽动分裂国家、破坏国家统一的；

● 宣扬恐怖主义、极端主义的；

● 宣扬民族仇恨、民族歧视的；

● 传播暴力、淫秽色情信息的；

● 编造、传播虚假信息扰乱经济秩序和社会秩序的；

● 侵害他人名誉、隐私、知识产权和其他合法权益的；

● 互联网相关法律法规禁止的其他内容。

网络有害信息的传播途径

- 利用邮箱、QQ、微博、微信、短视频平台、网购平台等网上交流工具,诱使人们通过点击不明来源信件,传播带有有害信息的网址或内容。

- 通过二维码使人们登录有害信息网站。

- 利用技术手段,诱使人们访问被屏蔽的有害信息网站;利用个别软件传播有害信息;以匿名的方式,用云存储传播有害信息;用FTP(文件传输协议)上传有害信息至服务器。

网络非法出版传播活动的主要表现

今天路过一个小书店，发现我的书被盗版了。帮我查一下盗版书有没有在网上出售。

查到一个网站发布了你的书的电子版，还提供了下载链接，而且被下载的次数还不少。

我们要把这些证据收集好。可以先联系这个网站和书店下架这本书，同时联系出版社来解决。

那我该怎么做呢？

 **知识窗**

网络非法出版传播活动

● 盗版传播。

未经授权将他人的作品以非法方式复制、传播和销售，侵犯著作权。这种行为包括盗版电影、盗版音乐、盗版软件等。

● 非法下载和分享。

通过非法途径下载和分享受著作权保护的内容，如电影、音乐、图书等，违反了著作权法。

● 盗版软件和破解工具。

制造、传播和使用盗版软件以及破解工具，侵犯了软件所有者著作权，违反反盗版相关的法律法规。

● 传播色情、淫秽、暴力、封建迷信等内容。

在网络上发布、传播或贩卖色情、淫秽、暴力、封建迷信等内容的视频、图片和文字，违反社会公德和相关法律法规。

自觉做好防护,拒绝有害信息

○ 用好网络工具,增强信息安全。

安装杀毒软件、防火墙,及时更新操作系统和软件,避免漏洞被黑客利用。设置密码时,多个平台勿使用相同密码,不轻易透露个人信息。

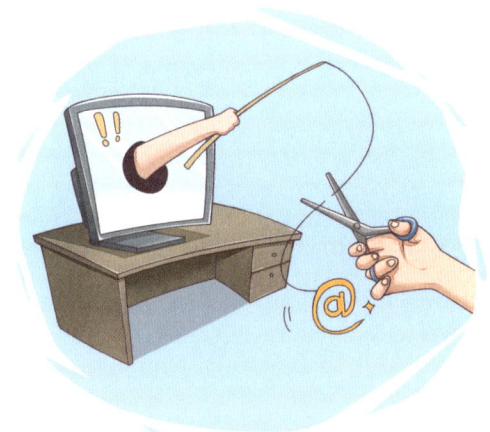

○ 提高识别能力,拒绝网络有害信息。

慎重打开可疑的链接,拒绝阅读或下载不良信息,尽量从正规渠道获取信息、下载资源。

○ 加强网络素养，提高安全防范意识。

主动了解网络安全相关知识、政策，不相信网络谣言，不传播不实信息，学会自律，加强自我保护。

○ 积极监督，维护网络健康。

关注网络舆情，积极参与网络平台的互动交流，发现不良信息及时投诉、举报，为网络环境贡献正能量。

拒绝网络有害信息是我们每个人的责任。只有从自身做起，提高自身的安全意识，积极维护网络环境，才能构建一个良好的网络生态环境。

网络不是法外之地

案例直击

暑假的某一天，小奇在家玩电脑游戏。他打开一款游戏后，发现这款游戏的画面内出现了十几张少女的照片，随机点击一张照片就会出现不堪入目的淫秽视频。

小奇的家长发现后，立即制止并将情况反映给相关执法部门。

接到举报后,当地文化执法部门通过网络巡查发现某网站内的部分付费游戏涉及淫秽色情内容。

执法人员经调查发现,该网站是某信息科技有限公司开发的。公司法定代表人孙某因在网络传播含有淫秽色情内容的游戏,犯传播淫秽物品牟利罪,被判处有期徒刑,并处罚金,没收相关设备。

"扫黄打非"我们该做什么

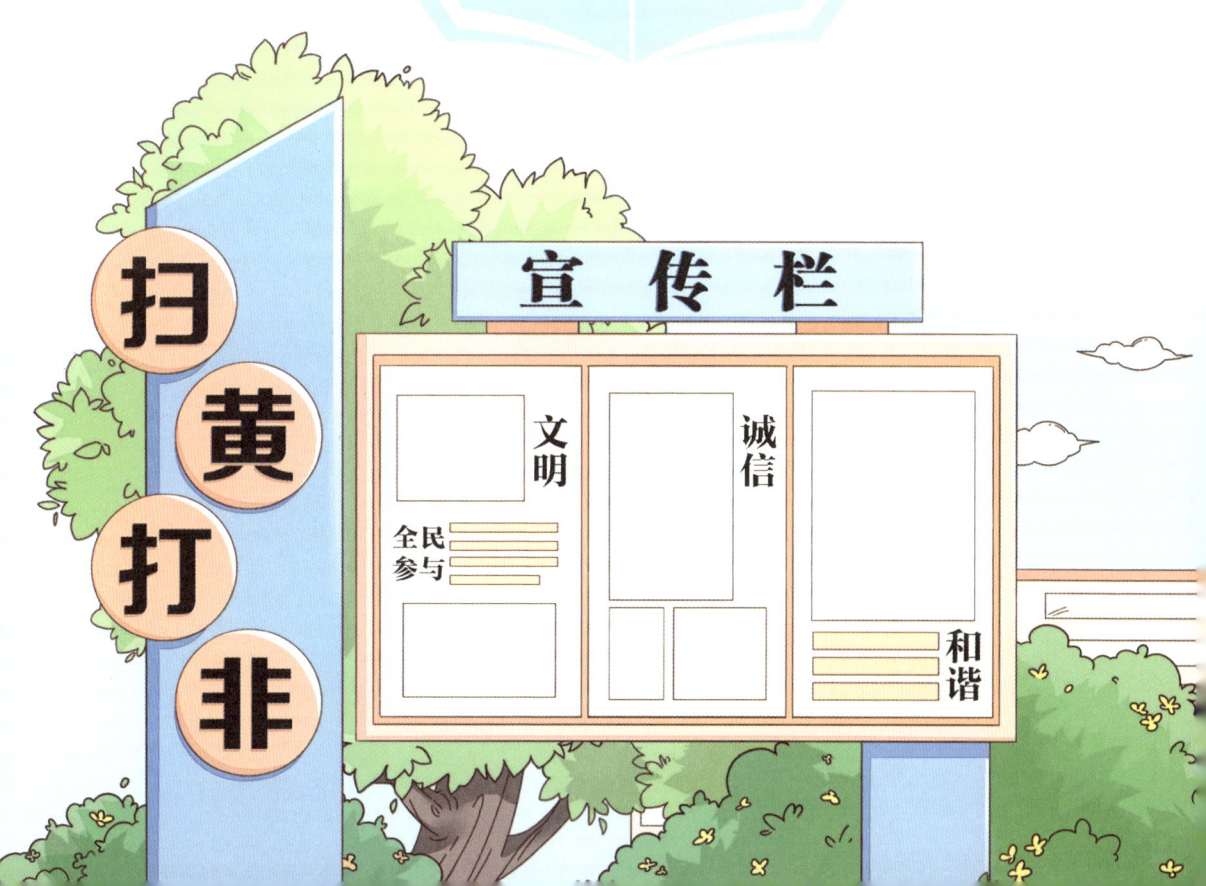

举报有奖

赵爷爷,我好像买到了盗版书,应该怎么办?

这本书确实不是正版书。你可以拨打全国"扫黄打非"办公室的电话举报,还可以搜索"中国扫黄打非网"进行线上举报。

举报盗版书还会得到奖励呢。

是什么奖励呀?

国家对举报有功的人员给予每案所涉及出版物经营额2%以内的奖励金。个案奖金数额最高可达60万元哦!

● 电话举报

（1）全国"扫黄打非"办公室举报电话：12390。

（2）全国文化市场举报电话：12318。

（3）广西壮族自治区"扫黄打非"工作小组办公室举报电话：0771-5516026。

（4）广西壮族自治区各市"扫黄打非"举报电话：

南宁市 0771-12345　　　柳州市 0772-2852551

桂林市 0773-3687918

梧州市 0774-12345、6022211

北海市 0779-12345　　　防城港市 0770-2818129

钦州市 0777-12345、3751988

贵港市 0775-4563904

玉林市 0775-2665931　　百色市 0776-2802705

贺州市 0774-5685975　　河池市 0778-3589969

来宾市 0772-4278247　　崇左市 0771-7969280

● 线上举报

（1）中国扫黄打非网：www.shdf.gov.cn。

（2）中央网信办（国家互联网信息办公室）违法和不良信息举报中心：https://www.12377.cn。

护苗有我　守护未来——"扫黄打非"通识读物

知识窗

"扫黄打非"工作举报奖励范围（部分）

举报下列非法行为属于《"扫黄打非"工作举报奖励办法》奖励范围：

●出版、制作、印刷、复制、发行、传播、寄递、储运淫秽出版物（含网络出版物）、印刷品及相关信息的行为。

●未经著作权人许可，复制、发行其文字、音乐、电影、电视、录像作品、计算机软件以及其他作品，同时损害公共利益的行为。

●擅自印刷、复制、出版或大量寄递、储运他人及相关企业、单位享有专有出版权的出版物的行为。

●淫秽色情网站、客户端和其他网上淫秽色情信息；利用网络社交平台、即时通讯工具、网络存储及存储介质等方式制作、复制、出版、贩卖、传播淫秽色情信息。

●制作、复制、出版、贩卖、传播损害未成年人身心健康的暴力、凶杀、恐怖、赌博的出版物、网络出版物、印刷品以及相关信息。

对举报有功人员的奖励标准如下：

●对于一般举报有功人员，举报非法出版活动（含网上网下）按照每案所涉及出版物（包括内部资料性出版物）经营额的 2% 以内的奖励金予以奖励（个案奖励金不超过 60 万元）；不能核实经营额（违法所得）或经营额（违法所得）低于 5 万元的，视案件情况给予 1000 元至 5000 元的奖励。

我们该做什么

"扫黄打非"我们该做什么

以后买书我要去正规的书店或网店。赵爷爷,平时我也会去图书馆借书来看,那儿的书都是正版的吧?

图书馆的书是经过合法采购和授权的正版书,在那里你可以放心阅读各种书籍。

正规书店和商城出售的图书是经过合法渠道进货,能够保证图书的质量和合法性。购买正版书籍不仅能带来更好的阅读体验,也是在为文化产业的繁荣做出贡献。

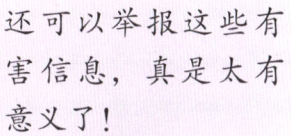

我们一定会尽力做好"扫黄打非"宣传工作,让更多的人远离和抵制不良信息及非法出版物。

我相信你们一定会做得很好。让我们一起努力,营造健康、和谐的文化环境。

知识窗

青少年可以在"扫黄打非"中做什么?

● 加强学习,不断增强自身的识别能力。

● 增强自身的自控能力,自觉远离含有淫秽色情、凶杀暴力、封建迷信等不健康内容的书刊、音像制品、电子出版物、网络游戏。

● 提高对"扫黄打非"工作的认识度和支持度。以自身行动带动家人、同学和朋友一起抵制盗版、非法出版物等文化垃圾,净化社会文化环境。

"扫黄打非"微信公众号

"中央网信办举报中心"微信公众号

后　记

未成年人是祖国的未来，是中华民族的希望。为护助未成年人健康成长，近年来，广西壮族自治区"扫黄打非"工作小组办公室以"暖心护苗"推进"扫黄打非"进校园，开展丰富多彩的"绿书签行动"系列宣传活动，引导青少年绿色阅读、文明上网。

为更好地为未成年人的茁壮成长保驾护航，广西壮族自治区"扫黄打非"工作小组办公室在历年工作的积累上，以"扫黄打非·护苗"为主题，历经一年的精心编写和打磨，推出了《护苗有我　守护未来——"扫黄打非"通识读物》，为未成年人量身打造一本通俗易懂、寓教于乐的"扫黄打非"科普读物。

本书主要围绕未成年人的日常生活展开，从"扫黄打非"的基本知识、认识出版物、拒绝侵权盗版出版物、加强网络安全教育及如何从自身角度支持和参与"扫黄打非"工作这五个方面，帮助未成年人全面了解"扫黄打非"的主要内容，从而增强安全成长意识，提升自我保护能力。

为了让本书更好地向未成年人传达"扫黄打非"工作的内核和精神，编写团队组织了多场书稿讨论会，对"扫黄打非·护苗"的宣传内容进行了精心的整理和编排，对插图和形象的设计也进行了反复的修改和完善，以期在内容上更贴近未成年人的生活实际、画风上更符合当今未成年人的阅读喜好，从而提升阅读体验，提高学习兴趣，让读者在趣味阅读中快乐学习，切身体会"扫黄打非"的深远意义。

在此由衷感谢为本书的编写倾力付出的工作人员,同时,也向那些在"扫黄打非"工作中默默奉献的人们致敬。

广西壮族自治区"扫黄打非"工作小组办公室

2024年3月